Cover photo © Christopher Polk/Getty Images

ISBN 978-1-4803-3989-7

7777 W. BLUEMOUND RD. P.O. BOX 13819 MILWAUKEE, WI 53213

Visit Hal Leonard Online at
www.halleonard.com

CONTENTS

3   Better Life

6   But for the Grace of God

9   Days Go By

12   Everybody

15   Got It Right This Time (The Celebration)

18   I Told You So

22   Kiss a Girl

26   Long Hot Summer

30   Making Memories of Us

33   Once in a Lifetime

37   Only You Could Love Me This Way

40   Put You in a Song

44   Raining on Sunday

46   Romeo's Tune

50   Somebody Like You

53   Stupid Boy

56   Sweet Thing

60   'Til Summer Comes Around

64   Tonight I Wanna Cry

66   Where the Blacktop Ends

69   Who Wouldn't Wanna Be Me

72   You Gonna Fly

75   You Look Good in My Shirt

78   You'll Think of Me

81   You're My Better Half

84   Your Everything (I Want to Be Your Everything)

Better Life

Words and Music by
Richard Marx and Keith Urban

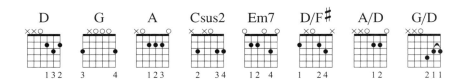

Intro
D

Verse 1
G
Friday night and the moon is high.
|G |D |
I'm wide awake just watching you sleep.
    |G |
And I promise you you're gonna have
G |D |
More than just the things that you need.
      |A |G
We ain't got much now, we're just starting out,
    |A |Csus2 ||
But I know somehow, par - adise is coming.

Chorus 1
D   A |G
Someday, baby, you and I are gonna be the one,
   |D   A |Em7 D/F♯ G A |
And   good luck's   gonna shine.
D   A |G
Someday, baby, you and I are gonna be the ones,
|Em7 |G ||
So hold on, we're headed for a better life.

Interlude 1   D | | |

Verse 2
           ‖G
Oh, now, there's a place for you and me
    |G |D |
Where we can dream as big as the sky.
  |G
I know it's hard to see it now,
   |G |D |
But, baby, someday we're gonna fly.
     |A |G
This road we're on, you know it might be long,
       |A |Csus2   ‖
But my faith is strong; it's all   that really matters.

Repeat Chorus 1

Interlude 2
           A |G |D   A |Em7 |
             Oh, oh, oh.   Ooh, ooh, ooh.
           A |G |Em7 D/F♯ |G   A

Bridge
           ‖D A/D |G/D |D A/D |G/D
So hold   on.   Hold   on.
                    |D A/D |G/D
Come on, baby, hold   on.
                  |Csus2 | N.C.   ‖
Yeah, we're gonna have it all, and ooh...

Chorus 2

```
     D          A  |G
   Someday, baby, you and I are gonna be the ones.
    |D          A              |Em7 D/F♯ G  A  |
And  good luck's  gonna shine.
     D          A  |G
   Someday, baby, you and I are gonna be the ones,
    |Em7          |G          ||
So hold on, just hold on.
```

Repeat Chorus 1

```
     D              |                |G          |
              Oh, a better life now,
                |D          |        |G          |
A better life.
```

Outro

```
                        ||D                        |
Hey, we're gonna leave this all behind us, baby,  wait and see.
    |G                  |
We're headed for a better life,  you and me.
           |D                              |
We're gonna break the chains that bind and finally  we'll be free.
           |G                    |              |
We're gonna be the ones that have it all,  you and me.
  D        |        |G        |                |
                         Just hold on tight now, baby.

  D        |        |G        |        |D        |        |

  G        |        |D        |        |G        |        |D      ||
```

But for the Grace of God

Words and Music by
Charlotte Caffey, Jane Wiedlin
and Keith Urban

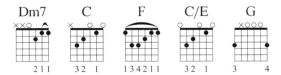

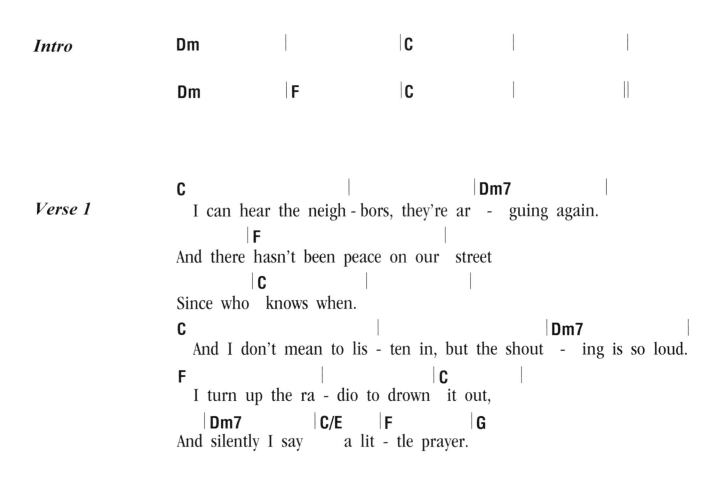

Intro

Dm | |C | |

Dm |F |C | ||

Verse 1

C | |Dm7 |
I can hear the neigh - bors, they're ar - guing again.

|F |
And there hasn't been peace on our street

|C | |
Since who knows when.

C | |Dm7 | |
And I don't mean to lis - ten in, but the shout - ing is so loud.

F | |C |
I turn up the ra - dio to drown it out,

|Dm7 |C/E |F |G
And silently I say a lit - tle prayer.

Chorus 1

‖**Dm7** |
But for the grace of God go I;

|**C** |
I must've been born a lucky guy.

|**Dm7** |**F**
Heaven only knows how I've been blessed

|**C** |
With the gift of your love.

|**Dm7** |
And I look around, and all I see

|**C** |
Is your happiness embracing me.

|**Dm7**
Oh Lord, I'd be lost

|**F** |**C** | ‖
But for the grace of God.

Verse 2

C | |**Dm7** |
I can see that old man, he's walk - ing past our door.

|**F** |
And I've been told that he's rich,

|**C** | |
But he seems so poor,

C | |**Dm7** |
'Cause no one comes to call on him, and his phone, it never rings.

|**F** | |**C** |
He wanders through his emp - ty home, surround - ed by his things.

|**Dm7** |**C/E** |**F** |**G**
And silently I say a lit - tle prayer; yes, I do.

Repeat Chorus 1

7

Outro

```
                  ‖Dm7                        |
        I look around       and all I see
                            |C                    |
        Is your happiness     embracing me.
                              |Dm7
        Oh Lord, I'd be lost
          |F                        |C              |
        But  for the grace of God.
                              |Dm7
        Oh Lord, I'd be lost
          |F                        |C            |              |
        But  for the grace of God.
        Dm7              |                |C           |                ‖
```

Days Go By

Words and Music by
Monty Powell and Keith Urban

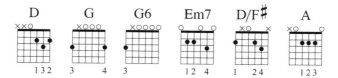

Intro

D |G |D |G |

D |G |D |G |

Woo!

D |G |D |G ||

    Oh, yeah, yeah.

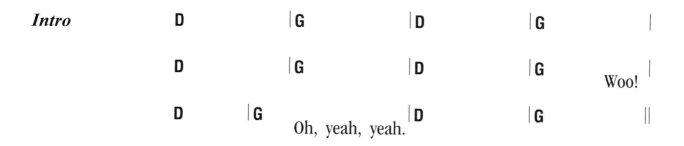

Verse 1

D |G6

   I'm changing lanes, I'm talk - ing on the phone,

    |D |Em7

Driving way too fast.

    |D |G6

And the interstate's jammed with gun - ners like me

    |D | |

Afraid of coming in last.

Em7 | D/F# |

   But somewhere in the race we run,

G |

  We're coming un - done.

Chorus 1

             ‖**D**
And days go by.

 G   **D**   **G**
I   can feel 'em flying like a hand out the window in the wind

                   D
As the cars go by.

                 Em7   **D/F♯**   **G**
Yeah, it's all   we've been given, so you better start living right now,

                 D   **G**   **D**   **G**   ‖
'Cause days go by.   Ooh, ooh.

Verse 2

D   **G6**
  Out on the roof just   the other night,

                D   **Em7**
I watched the world flash by,

        D   **G6**
Head - lights, taillights, and running through a river

   D
Of neon signs.   Uh, huh.

Em7   **D/F♯**
  But somewhere in the rush I felt

G
  We're losing our - selves.

Repeat Chorus 1

                      D   **G**   **D**   ‖
Yeah, the days go by.   Ooh, ooh.

Bridge

   A | |G | |
We think about tomor - row, then it slips away.   *Oh, yes, it does.*

   A |Em7   D/F♯   G | |
We talk about forev - er, but we've on - ly got to - day.

Chorus 2

                  ‖D
And days go by.

   |Em7 |D/F♯
I   can feel 'em flying like a hand out the window

       |G |
As the cars go by.

D |Em7 |D/F♯
 It's all   we've been given, so you better start living,

   |G | | N.C.
You better start living, bet - ter start living right now.

Repeat Chorus 1

                   |D |G |D |G   ‖
Yeah, these days go by.   Ooh, ooh.   Oh.

Outro

D |G |
 So, take 'em by the hand, they're yours and mine.

D |G |
 Oh, take 'em by the hand and live your life.

D |G |D
 Take 'em by the hand, don't let 'em all fly by.

   |G |D |G |
Come on, come on, now.   Come on, now.

D |G |D |G
         Ooh, ooh.

   |D Em7 D/F♯| G |D   ‖
Don't you know the days go by.

Everybody

Words and Music by
Keith Urban and Richard Marx

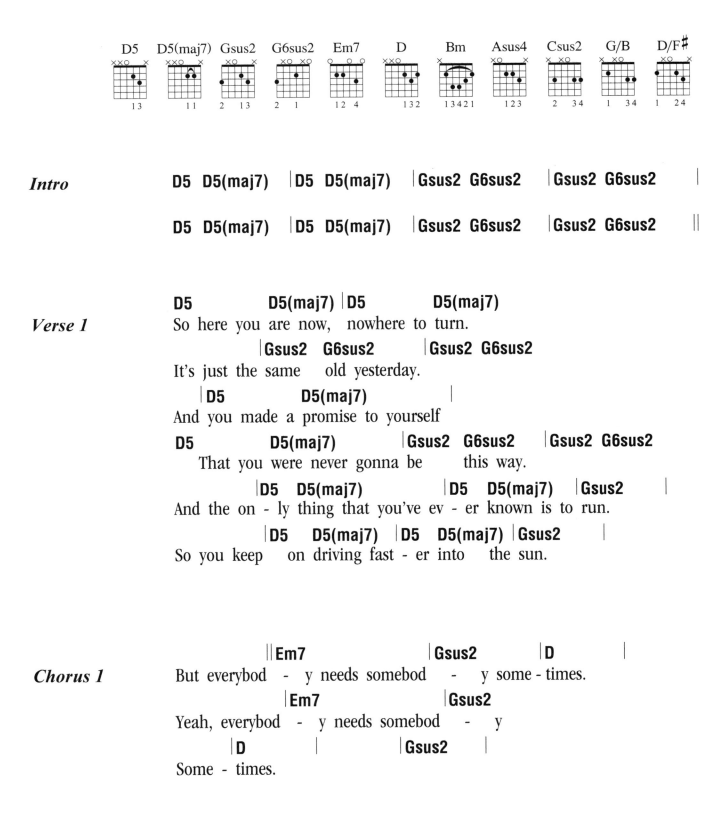

Intro

D5 D5(maj7) |D5 D5(maj7) |Gsus2 G6sus2 |Gsus2 G6sus2 |

D5 D5(maj7) |D5 D5(maj7) |Gsus2 G6sus2 |Gsus2 G6sus2 ‖

Verse 1

D5   D5(maj7) |D5   D5(maj7)
So here you are now, nowhere to turn.

|Gsus2 G6sus2 |Gsus2 G6sus2
It's just the same   old yesterday.

|D5   D5(maj7) |
And you made a promise to yourself

D5   D5(maj7) |Gsus2 G6sus2 |Gsus2 G6sus2
That you were never gonna be   this way.

|D5 D5(maj7) |D5 D5(maj7) |Gsus2 |
And the on - ly thing that you've ev - er known is to run.

|D5 D5(maj7) |D5 D5(maj7) |Gsus2 |
So you keep   on driving fast - er into   the sun.

Chorus 1

‖Em7 |Gsus2 |D |
But everybod - y needs somebod   - y some - times.

|Em7 |Gsus2
Yeah, everybod - y needs somebod   - y

|D | |Gsus2 |
Some - times.

Verse 2

```
 ‖D5              D5(maj7)   |D5      D5(maj7)
```
You don't have to find your own   way out.
```
               |Gsus2 G6sus2     |Gsus2 G6sus2       |
```
You've got a voice;   let it be heard.
```
 D5             D5(maj7)         |D5      D5(maj7)
```
Just when it feels you're on a dead - end road,
```
               |Gsus2 G6sus2          |Gsus2 G6sus2
```
There's always some - where left to turn.
```
               |D5      D5(maj7)         |D5      D5(maj7) |Gsus2        |
```
So don't give   up now. You're so close   to a brand-new day.   Yes, you are.
```
              |Bm              |Asus4            |Gsus2       |
```
And if you just can bear to be   alone, then I'll stay.

Chorus 2

```
                    ‖Em7              |Gsus2         |D            |
```
'Cause everybod - y needs somebod   -   y some - times.
```
                    |Em7              |Gsus2         |D            |
```
Yeah, everybod - y needs somebod   -   y some - times.

Bridge

```
 ‖Csus2          |G/B
```
Well, maybe I been too   caught up
```
 |D                    |
```
To see what you've been go - ing through.
```
 |Csus2          |G/B          |Em7          |      D/F♯ ‖
```
And all that I can say   is I'm here now.   Ooh.

Interlude

```
Gsus2        |          |Asus4        |            |

Gsus2        |          |Asus4        |
```

Chorus 3

|| Em7 | Gsus2 | D |

And everybod - y needs somebod - y some - times. You know they do.

| Em7 | Gsus2 | D |

Everybod - y needs somebod - y sometimes.

Outro

|| Em7 | Gsus2 | D

Everybod - y needs some - body sometimes.

| D | Em7 | Gsus2

Just a little left to save. Everybod - y needs somebody

| D | Em7 | Gsus2

Some - times.

| D | Em7 | Gsus2 |

Ooh.   Yeah, yeah,   yeah.

D | |

Gotta have someone beside you.   Gotta have someone beside you.

Em7 | Gsus2 | D | |

                       Yes, you do,   yes, you do.

Em7 | Gsus2 | D |

| Em7 | Gsus2 | D | ||

Everybod - y needs some - body some - times.

Got It Right This Time
(The Celebration)

Words and Music by
Keith Urban

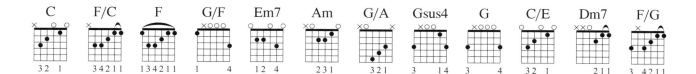

Intro

C   F/C | |C   F/C | |

C   F/C | |C   F/C | ||

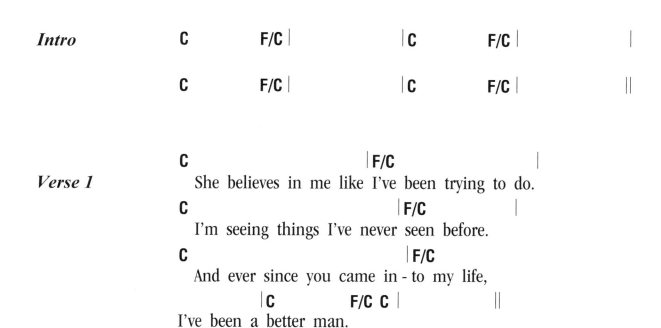

Verse 1

C |F/C |
   She believes in me like I've been trying to do.
C |F/C |
   I'm seeing things I've never seen before.
C |F/C
   And ever since you came in - to my life,
       |C   F/C C | ||
I've been a better man.

Verse 2

C |F/C |
Run, run, running, I was running scared,
C |F/C |
   Always looking for a place to leave.
C |F/C
   And I couldn't seem to find where I   belonged
      |C   F/C C |
Till she took my hand.

Chorus 1

```
                                    ‖F                  |G/F
And we can make this work out, baby; I know it's true.
        |Em7              |Am            G/A
Can't picture myself with no one but you.
        |F                 |Gsus4  G              |
And I think I got it right              this time.
C          F/C |              |C        F/C |                    ‖
                          Oh, yeah
```

Verse 3

```
C                            |F/C                  |
  All of my life I've been looking for someone
C                              |F/C              |
  Who believes in love the way I do.
C                                      |F/C
  And I know I've make my share of big     mistakes,
          |C             F/C  C |
But girl, I   promise you.
```

Chorus 2

```
        C/E            ‖F              |G/F
We can make this work out, baby; I know it's true.
        |Em7            |Am          G/A
Can't picture myself with no one but you.
        |F                 |Gsus4  G          |C        F/C  C |            ‖
And I think I got it right              this time.
```

Bridge

```
          Dm7                      |                  |
          True belivers always  find each other,
          C/E                      |                  |
          And here we are.
          F                               |                        |
          Always knew that you were out there  just waiting on me
          Gsus4        G           |           F/G          |
          For me to find my way,  find my way to your heart.
          C         F/C |              |C               |
                           Oh, yeah.
```

Chorus 3

```
          C/E           ‖F              |G/F
          We can make it work out, baby; I know it's true.
              |Em7              |Am             G/A
          Can't picture myself with no one but you.
              |F                  |Gsus4  G            |C            |
          And I think I got it right            this time.
```

Chorus 4

```
          C/E           ‖F              |G/F
          Yeah, af - ter all the crazy days I made it through,
              |Em7              |Am             G/A
          I can't picture myself with no one but you.
              |F                  |Gsus4  G            |C            F/C |
          And I think I got it right            this time.
              |               F/C |              |C          F/C |              |
          Oh, yeah.
          C         F/C |              |C              ‖
```

I Told You So

Words and Music by
Keith Urban

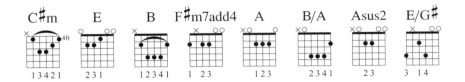

Intro

C#m |E |B |F#m7add4 |

C#m |E |B |F#m7add4 ||

Verse 1

C#m |E |
    You said you needed your space.   Huh.

B |F#m7add4 |
    I wasn't where you wanted to be.

C#m |E |
    I didn't stand in your   way.   Mm.

B |F#m7add4 ||
    I only want you to be happy.

Pre-Chorus 1

A |B/A |
And so how sur - prised am I

A |B   A ||
To see you here to - night. Well...

	E |B
Chorus 1	Oh, can't you see
	|F♯m7add4 |Asus2	

Chorus 1

E |B
Oh, can't you see

    |F♯m7add4 |Asus2 |
That for worse or for better, we're better together.

E |B
Please just come back home.

    |F♯m7add4 |Asus2
No, don't say that you're sorry, and I won't say

 |C♯m |E |B |F♯m7add4 ||
I told you so.

Verse 2

  C♯m N.C. |E |
Some - times in our life.

B |F♯m7add4 |C♯m
 We get to where we wonder if the long

       |E |
Road that we're on

B |F♯m7add4 ||
 Is heading in the same direction.

Pre-Chorus 2

A |B/A |
 When it comes to you and me,

A |B   A ||
 We're right where I know we should be.

Repeat Chorus 1

   C♯m |E |B ||

Bridge

F♯m7add4 |Asus2 |
         Somtimes it's like we're deep in

F♯m7add4 |C♯m |
  Nothing but love.

F♯m7add4 |E/G♯ |Asus2
    The slightest thing can grow so foolishly.

 |Asus2 |C♯m | | |N.C. ||
Re - mind me, please.

Chorus 2

E |B
Oh, can't you see

     |F♯m7add4 |Asus2 |
That for worse or for better, we're better together.

E |B
Please just come back home.

       |F♯m7add4
No, don't say that you're sorry,

  |Asus2 ||
You don't gotta say you're sorry, baby.

Chorus 3

E |B
Oh, can't you see

     |F♯m7add4 |Asus2 |
That for worse or for better, we're better together.

E |B
Please just come back home.

     |F♯m7add4 |Asus2
No, don't say that you're sorry, and I won't say

 |C♯m |E |B
I told you so.   Mm.

   |F♯m7add4 |C♯m |E |B
And I won't say I told you so.   Woh.

    |F♯m7add4
But I told you so.

Interlude

```
      ‖ C♯m                      | E          | B              |
```
Yeah, yeah, yeah, yeah, yeah.
```
F♯m7add4                                  |
```
Should-a known better than to leave me, baby.
```
C♯m        | E        | B            |
```
   Ah, oh.   Ooh, ooh.
```
F♯m7add4                                       ‖
```
Should-a known better than to leave me, darling.

Outro

```
C♯m                     | E                 |
```
   Na, na, na, na, na.   Na, na, na, na, na.
```
B                       | F♯m7add4        |
```
 Na, na, na, na, na.
```
C♯m                     | E                 |
```
   Na, na, na, na, na.   Na, na, na, na, na.
```
B                       | F♯m7add4        ‖
```
 Na, na, na, na, na.

Kiss a Girl

Words and Music by
Monty Powell and Keith Urban

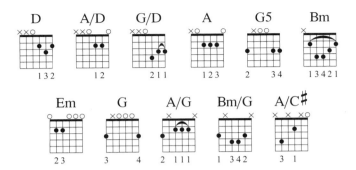

Intro

D   A/D | G/D | | |

D   A/D | G/D | | ||

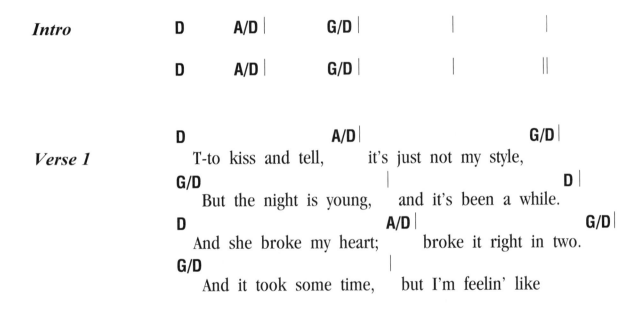

Verse 1

D   A/D | G/D |
   T-to kiss and tell,   it's just not my style,
G/D | D |
   But the night is young, and it's been a while.
D   A/D | G/D |
   And she broke my heart; broke it right in two.
G/D |
   And it took some time, but I'm feelin' like

Pre-Chorus 1

A || G5 | A |
I'm fin'lly read - y to find,
A   G5 | ||
Find some - bod - y new.

Chorus 1

D
   I wanna kiss a girl.

A
   I wanna hold her tight,

G5
   And maybe make a little magic in the moonlight.

D
   Don't wanna go too far,

A
   Just t-take it slow.

Bm   G5   A
   But I shouldn't be lone - ly in this big ol' world.

Em
I   wanna kiss a girl.

Interlude   D   A/D   G/D

Verse 2

D   A/D   G/D
   It's that moment when   you start closing in;

G/D   D
    First, you're holding back,   then surrendering.

D   A/D   G/D
   It can start a fire   and light up the sky.

G/D   A
   Such a simple thing.   Do you wanna try?

Pre-Chorus 2

A   G5   A
   Are you read - y to   say good - bye

A   G5
   To all   these rules?

Repeat Chorus 1

Bridge

G |A/G |Bm/G
            'Cause maybe tonight

     |A/G |G |A/G
It could turn   into the rest of our   lives.   Oh, yeah.

        |G5 |
Are you read - y? Are you read - y

       |G5 |Asus4 |D   A/D | |G5
To cross   that line, put your lips   on mine?

      |G5 |D   A/D | |G5 |
Ooh,   put your lips on mine, baby.

Pre-Chorus 3

G5   A ‖
 Do you wanna try?

A   G5 | A |
 Are you read - y to   say good - bye

A   G5 | A | G A G D ‖
 To all   these rules?

Chorus 2

D   A/D|
 I wanna kiss a girl.

A/D   G/D|
 I wanna hold her tight,

G/D | |
 And maybe make a little magic, baby.

D   A/C♯ |
 Don't wanna go too far,

A/C♯ |
 Just to take it slow.

Bm   G | A   ‖
 But no one should be lone - ly. I shouldn't be lonely.

Chorus 3

    D |
      I wanna kiss a girl.

    A |
      I wanna hold her tight,

    G5 | |
      And maybe make a little magic in the moonlight.

    D |
      Don't wanna go too far,

    A |
      Just t-take it slow.

    Bm   **G5** | |**A**
      But I shouldn't be lone - ly in this big ol' world.

    G5 | ‖
    I   wanna kiss a girl.

Outro

    D   **A/D**|
    Na na na na na na. Na na na na na na.

    G/D | | |
    Na   na na na na na. I said I   wanna kiss a girl.

    D   **A/D**|
    Na na na na na na. Na na na na na na.

    G/D | | |
    Na   na na na na na.   I wanna kiss a girl.

    D   **A/D**|
      I wanna hold her tight.

    A/D   **G/D** | | |
      I wanna make a lit - tle magic out   under the moonlight.

    D   **A/D**|
    Na na na na na na. Na na na na na na.

    G/D | **G** | ‖
    Na   na na na na na. Ooh,   I wanna kiss her now.

Long Hot Summer

Words and Music by
Keith Urban and Richard Marx

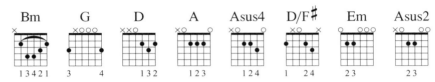

Intro
| Bm G | D A | Bm G | D A

Verse 1

‖Bm G | D A
I can't sleep,   ain't no sleep a-coming.

| Bm   G | D A
I'm just lying here a - thinking 'bout you.

| Bm G | D A
I'm in deep,   falling deep   into the picture

| Bm   G | D A
In my mind of ev - 'rything we're gonna do.

Verse 2

‖Bm   G   D | A
O - ver at the lake and down by the river

| Bm G   Asus4| A
You can feel it start to rise.

Bm | G   D | A
Wanna jump in my car, go wher - ever you are

| Bm G   Asus4| | A
'Cause I need you by my side.

Chorus 1

N.C.　　　‖G
It's gonna be a long, hot summer.

　|D　　　　　　　　　　　　　　|A　　　　　　　|Bm　　A
We　should be together with your feet up on the dashboard now.

　　　　　|G　　　　　　|D　　　　　　　|A　　　　　　　|
Singing a - long with the radio,　it's such a beautiful sound.

　　　　　　　|G　　　　　|D
And when you say my name in the mid - dle of the day,

　　　|A　　　　　　|Bm
I swear　I see the stars come out.

D/F♯　　G |N.C.　　　　D/F♯　G |N.C.
And when you hold my hand　　in the back of my mind,

D/F♯　　G |N.C.　　　　　　|Bm　G　　|D
I'm just　waiting on the sun to go down,

A　　　　|Bm　G　　|D　A
The sun to go down.

Verse 3

N.C.　　‖Bm　G
I wanna see

　　　　　|D　A　　　　|Bm　　G　　　|D　　A
Your brown　skin　shimmer in the sun for the first time.

　　|Bm　G　　　|D　　　　A
I gotta be　　the one　who knows

　　　　　|Bm　　　G　　　　|D　　A
Just what to do to you to get me that smile.

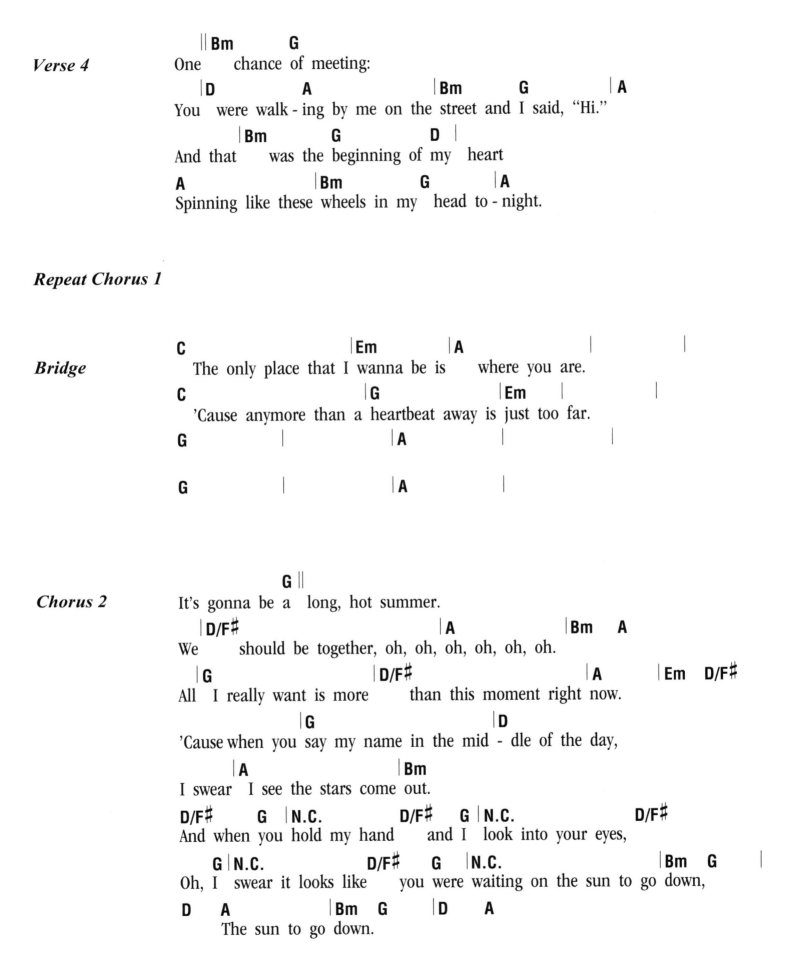

Verse 4

‖Bm   G
One   chance of meeting:

|D   A |Bm   G |A
You were walk - ing by me on the street and I said, "Hi."

|Bm   G   D |
And that   was the beginning of my heart

A |Bm   G |A
Spinning like these wheels in my   head to - night.

Repeat Chorus 1

Bridge

C |Em |A | |
  The only place that I wanna be is   where you are.

C |G |Em | |
  'Cause anymore than a heartbeat away is just too far.

G | |A | |

G | |A |

                    G ‖
Chorus 2   It's gonna be a   long, hot summer.

|D/F♯ |A |Bm   A
We   should be together, oh, oh, oh, oh, oh, oh.

|G |D/F♯ |A |Em   D/F♯
All I really want is more   than this moment right now.

|G |D
'Cause when you say my name in the mid - dle of the day,

|A |Bm
I swear I see the stars come out.

D/F♯   G |N.C.   D/F♯ G |N.C.   D/F♯
And when you hold my hand   and I look into your eyes,

G |N.C.   D/F♯ G |N.C. |Bm   G |
Oh, I swear it looks like   you were waiting on the sun to go down,

D   A |Bm   G |D   A
  The sun to go down.

28

Outro

```
  ‖Bm  G       |D
Ooh.

A       |Bm      G        |D        A
Woh, and I swear it looks  like you're waiting on the sun
      |G   D    |A   Bm       |
To  go down.

G   D    |A   Em    |G   D    |A   Bm      |G   D
Oh,        woh.      Oh,       oh.

      |A     Em       |G   D   |A   Bm
Wait - ing on the sun to go down.

      |G   D    |A   Em    |G   D    |A   Bm      |
Ooh.                 Oh.       Oh.

G   D    |A   Em    |G   D   A|  Bm      |G   D
Oh.        Oh.

A   |      Em             |G   D   A|  Bm       |
Ooh,  I love a-thinking 'bout you.

G   D   A|  Em       |G   D   A|  Bm
                    I can't sleep;

      |G        D       Asus2|          ‖
I'm  just  lying  here  thinking 'bout      you.
```

Making Memories of Us

Words and Music by
Rodney Crowell

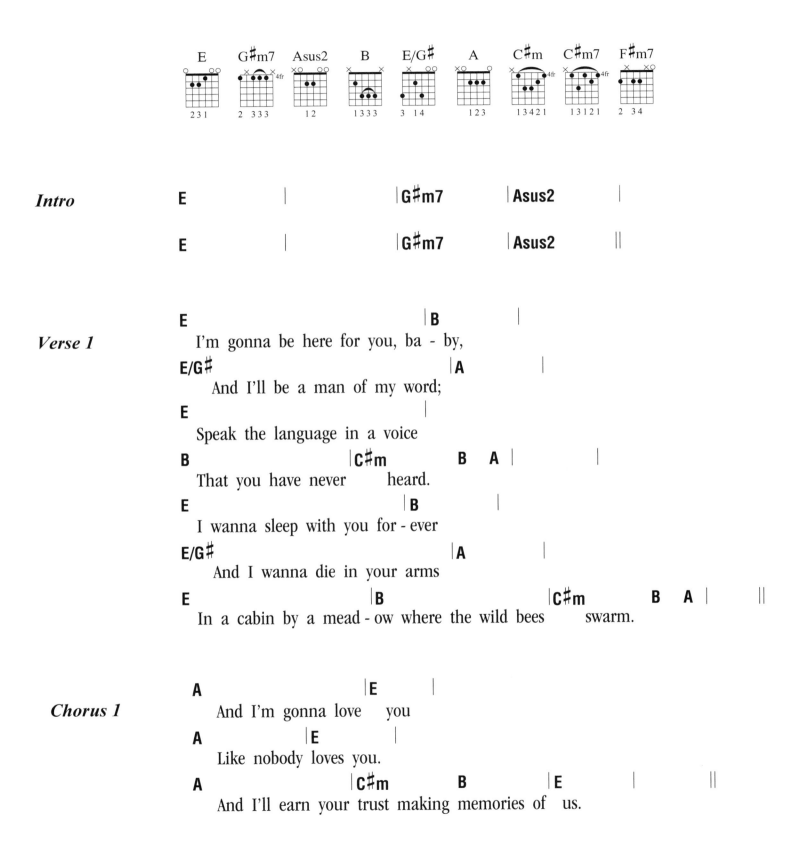

Intro

E | |G♯m7 |Asus2 |

E | |G♯m7 |Asus2 ||

Verse 1

E |B |
I'm gonna be here for you, ba - by,
E/G♯ |A |
And I'll be a man of my word;
E |
Speak the language in a voice
B |C♯m B A | |
That you have never heard.
E |B |
I wanna sleep with you for - ever
E/G♯ |A |
And I wanna die in your arms
E |B |C♯m B A | ||
In a cabin by a mead - ow where the wild bees swarm.

Chorus 1

A |E |
And I'm gonna love you
A |E |
Like nobody loves you.
A |C♯m B |E | ||
And I'll earn your trust making memories of us.

Verse 2

E |B |
I wanna honor your mother

E/G♯ |A |
And I wanna learn from your pa.

E |B |c♯m   B   A | |
I wanna steal your atten - tion like a bad out - law.

E |B |
I wanna stand out in a crowd   for you,

E/G♯ |A |
A man a - mong men.

E |B |c♯m   B   A | ‖
I wanna make your world better than it's ever   been.

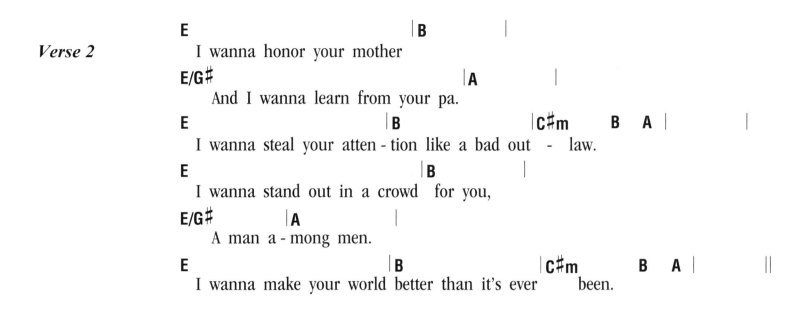

Repeat Chorus 1

Bridge

G♯m7 |c♯m7 |
We'll follow the rain - bow

A |E |
Wherever the four   winds blow.

G♯m7 |c♯m7 |
And there'll be a new   day

A |B | ‖
Coming your   way.

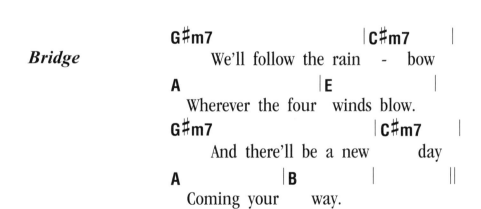

Verse 3

```
         E                                    |B              |
          I'm gonna be here for you from now on;
     E/G♯                              |A            |
          This you know somehow.
         E                                  |B
          You've been stretched to the lim - its
                           |C♯m      B    A |            |
     But it's alright       now.
         E                                 |B           |
          And I'm gonna make you this promise:
     E/G♯                             |A             |
          If there's life after this,
         E                               |B
          I'm gonna be there to meet   you
                           |C♯m      B   A |                  ||
     With a warm, wet      kiss.          Yes, I  am.
```

Chorus 2

```
         A                          |E         |
          And I'm gonna love   you
         A              |E            |
          Like nobody loves you.
         A                     |C♯m         B          |E   F♯m7    E/G♯ |
          And I'll earn your trust making memories of  us.
         A                         |E          |
          And I'm gonna love   you
         A             |E                |
          Like nobody loves you, baby.
         A                    |C♯m        B       |E          |              |
          And I'll win your trust making memories   of us.
     G♯m7          |A            |E             ||
```

Once in a Lifetime

Words and Music by
John Shanks and Keith Urban

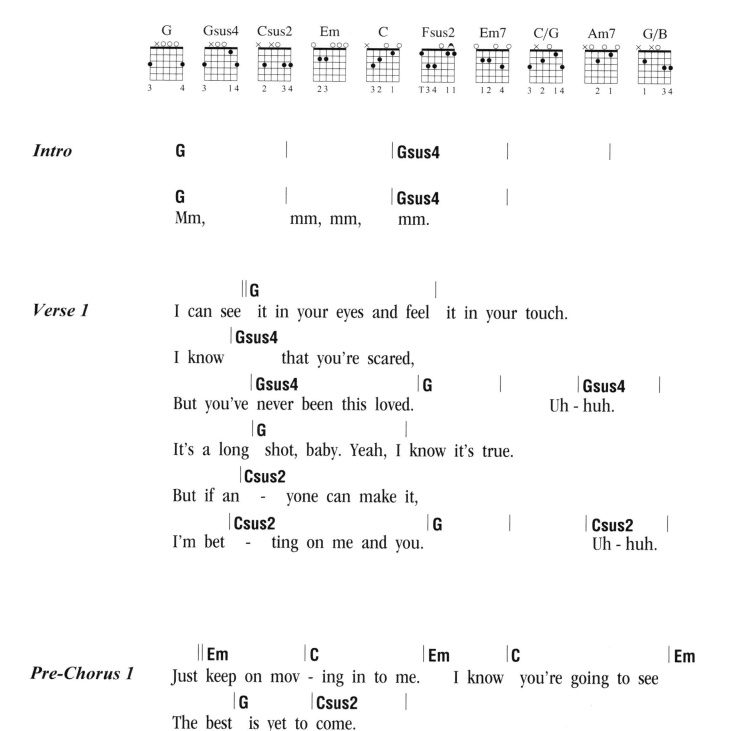

Intro

| G | | | Gsus4 | | | |

| G | | | Gsus4 | | |
Mm,   mm, mm,   mm.

Verse 1

‖ G | |
I can see it in your eyes and feel it in your touch.

| Gsus4
I know   that you're scared,

| Gsus4 | G | | Gsus4 |
But you've never been this loved.   Uh - huh.

| G |
It's a long shot, baby. Yeah, I know it's true.

| Csus2
But if an - yone can make it,

| Csus2 | G | | Csus2 |
I'm bet - ting on me and you.   Uh - huh.

Pre-Chorus 1

‖ Em | C | Em | C | Em
Just keep on mov - ing in to me.   I know you're going to see

| G | Csus2 |
The best is yet to come.

Chorus 1

‖ **G** | |**Csus2** |
And don't fear it now;   we're going all the way.

|**G** | |**Fsus2** |
That sun is shin - ing on a brand-new day.

|**Em7** | |**Csus2** |
It's a long way down   and it's a leap of faith.

|**Fsus2** |
But I'm never giving up

|**C**
'Cause I know we got a once

|**C** |**G** | | |
In a life - time love.   Uh - huh.

Verse 2

‖ **G** |
Ev - 'rybody's looking for what we've found.

|**C**
Some wait   their whole life

|**C** |**G** | |**C** |
And it never comes around.   Uh - huh.

Pre-Chorus 2

‖**Em** |**C** |**Em** |**C** |**Em**
So don't hold back now. Just let go   of all you've ever known.

|**G** |**Csus2** |
You could put your hand in mine.

Repeat Chorus 1

Bridge

‖G |C/G |

I close my eyes and I see you standing right there,

G |Am7 |

Saying, "I do," and they're throwing the rice in our hair.

               |G/B |

Well, the first   one's born, then a broth - er comes along,

        |C |

And he's got your smile.

        |G/B |C | N.C.

I'll be look - ing back on the life we had, still by your side.

Chorus 2

        ‖G | |Csus2 |

So don't fear it now;   we're going all the way.

 |G | |Fsus2 |

That sun is shin - ing on a brand-new day.

   |Em7 | |Csus2 |

It's a long way down   and it's a leap of faith,

          |Fsus2 |C

But I'm never giving up,   no.

Chorus 3

        ‖G | |Csus2 |

And don't fear it now;   I'll never let you go.

      |G | |Fsus2 |

When you're by my side, I know I've made it home.

  |Em7 | |Csus2 |

It's a long way down   and it's a leap of faith,

         |Fsus2 |

But I'm never giving up

                |C

'Cause I know we got a once

  |C |G | |Gsus4

In a life - time love.

Outro

|Gsus4   ‖G | |
A lifetime love.

Gsus4 |G | |C | ‖
It's a lifetime love.   Uh - huh.

Repeat and fade

‖:G | |C | :‖
Ooh,   ooh, ooh, ooh.

Only You Can Love Me This Way

Words and Music by
Steve McEwan and John Reid

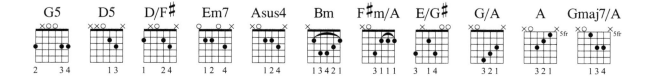

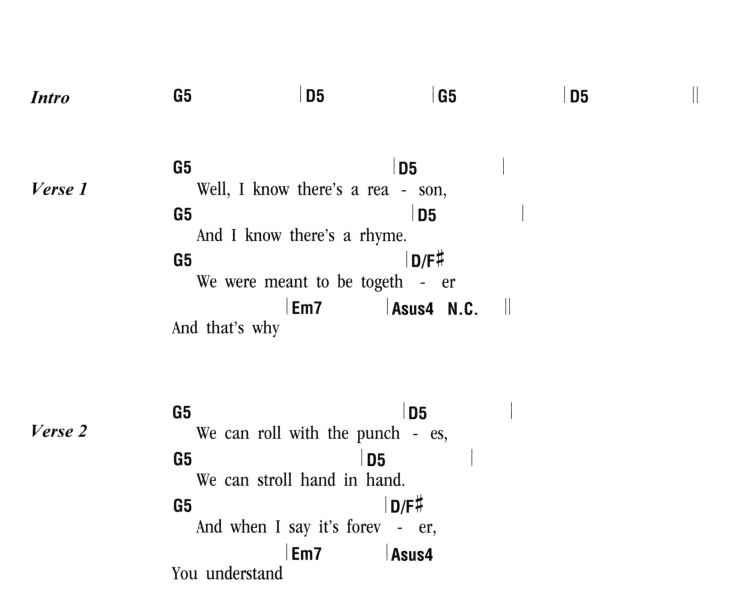

Intro

|G5 | |D5 | |G5 | |D5 | ||

Verse 1

G5 |D5 |
Well, I know there's a rea - son,

G5 |D5 |
And I know there's a rhyme.

G5 |D/F♯
We were meant to be togeth - er

|Em7 |Asus4 N.C. ||
And that's why

Verse 2

G5 |D5 |
We can roll with the punch - es,

G5 |D5 |
We can stroll hand in hand.

G5 |D/F♯
And when I say it's forev - er,

|Em7 |Asus4
You understand

Chorus 1

‖**G5** |**D/F♯**
That you're always in my heart, you're always on my mind.

                    |**G5** |**D/F♯**
And when it all becomes too much, you're never far be - hind.

             |**Bm**
And there's no one that comes close to you,

   |**F♯m/A** |**E/G♯**
Could ev - er take your place,

    |**G5** | **N.C.** |**G5** |**D5**   ‖
'Cause only you can love me this way.   Mm.

Verse 3

G5 |**D5** |
   I could've turned a different cor - ner;

G5 |**D5** |
   I could've gone another place.

G5 |**D/F♯**
   Then I'd never had this feeling

        |**Em7** |**Asus4**
That I feel today,   yeah.

Chorus 2

    D/F♯   ‖**G5** |**D/F♯**
And you're always in my heart, you're always on my mind.

                   |**G5** |**D/F♯**
And when it all becomes too much, you're never far be - hind.

            |**Bm**
And there's no one that comes close to you,

   |**F♯m/A** |**E/G♯**
Could ev - er take your place,

    |**G5**   ‖
'Cause only you can love me this way.

Interlude   **G/A**   **|A**   **|Gmaj7/A**   **|A** |

                        G/A   **|A**   **|Gmaj7/A**   **|A**

Repeat Chorus 2

                        G5 | **N.C.** ||

Outro   **G5**   **|D5**   **|G5**   **|D5** |

                        G5   **|D5**   **|G5**   **|D5** ||
                        Only you can love me this   way.

Put You in a Song

Words and Music by
Keith Urban, Sarah Buxton
and Jedd Hughes

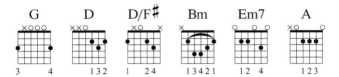

Intro

| G | | |D | | | |
| G | | |D | | |

Verse 1

‖**G** |
Well, here you come again and you're looking so fine.
|**D/F♯** |
You don't   notice me, but it's alright.
|**G**
I'm just a guy who wishes that
|**G** |**Bm** |
I could be your man some‑day. Uh, uh.
|**G** |
Yeah, a picture paints a thousand words, it's true.
|**D/F♯** |
But it's still   not enough for how I feel about you.
|**Em7** | |**G** |
I wanna put you in a melody, I gotta set you to a groove.

Chorus 1

    A   **‖G**
I wanna put you in my car and drive and turn you up loud,

  |D   **|G**
Roll down all the windows and shout it out: I love this girl!

 A   **D/F♯ |G**
Oh, if I could press "play," "repeat," how happy I'd be.

   |D/F♯
Wher - ever I'd go I'd have you there with me.

          |Em7
You'd be right   where you belong.

 A   **|G**   **|D**
I wanna put you in a song, oh,   yeah.

Verse 2

      ‖G
Well, I'd sing about your smile and your pretty blue eyes,

   |D/F♯
The way   your hair shimmers in the sunlight.

 |G   **|Bm**
It'd be so easy;   I'll just write it from my heart.

   |G
'Cause I gotta tell the world what you mean to me,

   |D/F♯   **|Em7**
Wrap you up in a melody so you'll be stuck in my head all day,

          |G
'Cause you're already there anyway. *Yes, you are.*

Chorus 2

```
          A                          ‖G                    |
          I wanna put you in my car and drive and turn you up loud,
          |D                    |                    |G          |
          Roll  down all the windows and shout it out: I love  this girl!
          A                 D/F♯ |G                   |
            Yeah, if I could press "play," "repeat," how happy I'd be.
              |D/F♯                  |
          Wher - ever I'd go I'd have you there with me.
                      |Em7                  |
          You'd be right    where you belong.
          A                     |G         |          |
            I wanna put you in a song.
```

Bridge

```
              ‖A                |                    |Em7         |
          And if I get it right, every - body will be singing along,     oh, yeah.
                            |A                    |
          And when they see you on the street, they'll say,
            |G                 |           D/F♯ ‖
          "Hey, ain't you the girl in that song?"
```

Interlude

```
          G              |          |D/F♯        |          |

          G              |          |Bm          |
```

Chorus 3

  A   ‖**G** |

  I wanna put you in my car and drive and turn you up loud,

  |**D** | |**G** |

Roll down all the windows and shout it out: I'm in love with this girl!

  A   **D/F♯**|**Em7** |

  Yeah, if I could press "play," "rewind," a couple million times,

  |**D/F♯** |

I - magine for a moment that you're all mine,

     |**G** |**A**   **N.C.** |

Every night I'd drive you home if I could put you in a...

N.C. |**G** | |**D** |

  Let me put you in a song.

Outro

  D   ‖**G** |

  Let me put you in a song,

       |**D/F♯** | |

Woh, a pretty little song about you, ba - by, ah, yeah.

G | |**D/F♯** | |

G | |**N.C.** | |**G**   ‖

Raining on Sunday

Words and Music by
Darrell Brown and Radney Foster

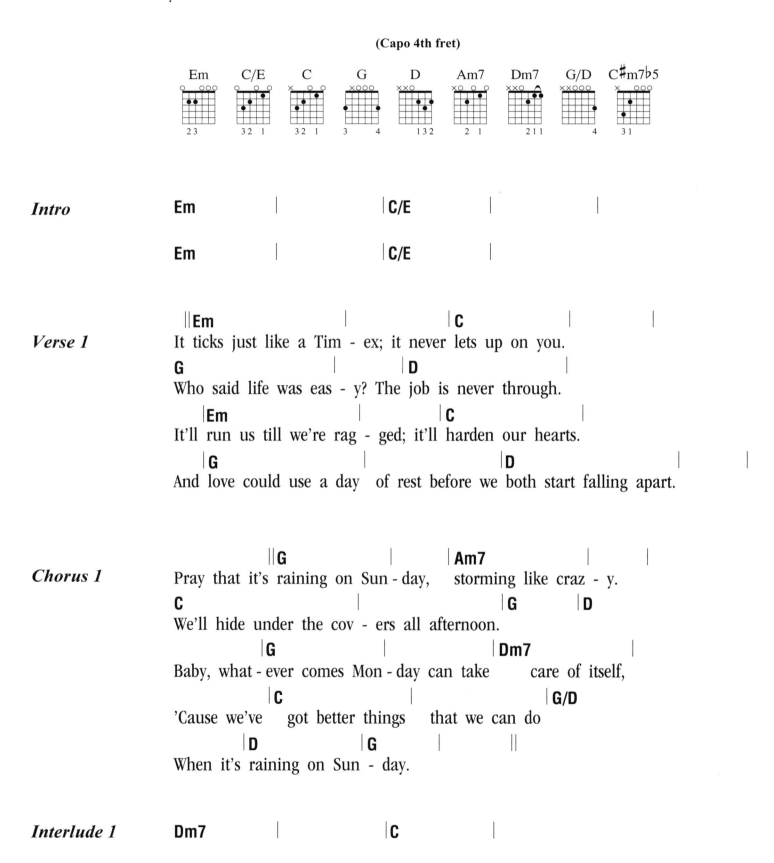

(Capo 4th fret)

Em   C/E   C   G   D   Am7   Dm7   G/D   C#m7♭5

Intro

Em | |C/E | |

Em | |C/E |

Verse 1

||Em | |C |
It ticks just like a Tim - ex; it never lets up on you.
G | |D |
Who said life was eas - y? The job is never through.
|Em | |C |
It'll run us till we're rag - ged; it'll harden our hearts.
|G | |D | |
And love could use a day of rest before we both start falling apart.

Chorus 1

||G | |Am7 | |
Pray that it's raining on Sun - day,   storming like craz - y.
C | |G |D
We'll hide under the cov - ers all afternoon.
|G | |Dm7 |
Baby, what - ever comes Mon - day can take   care of itself,
|C | |G/D
'Cause we've   got better things   that we can do
|D |G | ||
When it's raining on Sun - day.

Interlude 1

Dm7 | |C |

Verse 2

    ‖**Em** | | **C** | |

Your love is like reli - gion, a cross in Mexico,

    |**G** | | **D** | |

And your kiss is like the in - nocence of a prayer nailed to a door.

    |**Em** | | **C** | |

Oh, sur - render is much sweet - er when we both let it go.

    |**G** | |

Let the water wash our bod - ies clean

    |**D** | | **C♯m7♭5** | |

And love wash our soul.

Repeat Chorus 1

Interlude 2   **Am7** | | **C** | | **C♯m7♭5** | |

Chorus 2

    ‖**G** | | **Am7** | |

We'll pray that it's raining on Sun - day,   storming like craz - y.

    |**C** | | **G** | **D** |

And we'll hide under the cov - ers all afternoon.

    |**G** | | **Dm7** | |

And, baby, what - ever comes Mon - day can take   care of itself,

    |**C** | | **G/D** |

'Cause we've   got better things   that we can do

    |**D** | **G** | | **Dm7** | |

When it's raining on Sun - day,

    |**C** | | **G** | | **Dm7** | | |

Oh, oh, when it's raining on Sun - day,

    C | | **G** | | ‖

When it's raining on Sun - day.

Romeo's Tune

Words and Music by
Steve Forbert

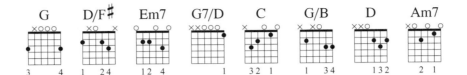

Intro

||G   D/F♯ |Em7 G7/D |C   G/B |D

Oh, yeah.   Oh, oh.

G   D/F♯ |Em7 G7/D |C   G/B |D ||

Chorus 1

G   D/F♯
  Meet me in the middle of the day,

|Em7   G7/D
Let me hear you say everything's   okay,

C   G/B |D
  Bring me southern kisses from your room.

G   D/F♯
  Meet me in the middle of the night,

|Em7   G7/D
Let me hear you say everything's   alright,

C   G/B |D
  Let me smell the moon in your perfume.

Verse 1

‖ **C**   **G/B**
Oh, gods and years will rise and fall

              | **Am7**   **D** |
And there's al - ways something more.

C   **G/B** | **Am7**   **D**
Lost in talk, and I waste   my time and it's all   been said before,

     | **C**   **G/B** | **Am7**   **D** |
While further down behind   the masque - rade, the tears are there.

C   **G/B** | **Am7** | **D** |
I don't ask for all that much; I just want someone to care.

                                          ‖

Answer right now!

Chorus 2

G   **D/F♯**
   Meet me in the middle of the day,

       | **Em7**   **G7/D** |
Let me hear you say everything's   okay,

C   **G/B** | **D** |
   Come on out be - neath the shining sun.

G   **D/F♯**
   Meet me in the middle of the night,

       | **Em7**   **G7/D** |
Let me hear you say everything's   alright,

C   **G/B** | **D**
   Sneak on out be - neath the stars and run.

Interlude

               ‖ **G**   **D/F♯** | **Em7**   **G7/D** | **C**   **G/B** | **D** |
Hey, yeah.   Oh, oh.

G   **D/F♯** | **Em7**   **G7/D** | **C**   **G/B** | **D**

Verse 2

```
    ‖C                    G/B                 |Am7                 D
It's king and queen and we must go down 'round be-yond the chandelier,
      |C                  G/B              |Am7                  D   |
Where I won't have to speak  my mind and you     won't have to hear
C                    G/B          |Am7              D
Shreds of news and afterthoughts and complicated scenes.
      |C               G/B
We'll weather down behind    the light
      |Am7           |D           |           ‖
And fade     like maga-zines.
```

Repeat Chorus 1

Chorus 3

```
        ‖G             D/F♯
Oh, yeah.  Meet me in the middle of the day,
      |Em7                  G7/D        |
Let me hear you say everything's     okay,
C               G/B              |D            |
  Let me see you smiling back at me.      Oh, yeah.
G               D/F♯
  Meet me in the middle of the night,
      |Em7                  G7/D        |
Let me hear you say everything's     alright;
C             G/B          |D               ‖
Hold me tight and lovin' love is free. Oh, yeah.
```

Outro   **G**   **D/F♯** |**Em7** **G7/D** |**C**   **G/B** |**D** |

G   **D/F♯** |**Em7** **G7/D** |**C**   **G/B** |**D** |
So meet me in the middle of the day,

G   **D/F♯**
Let me hear you say everything's   okay,

      |**Em7**   **G7/D** |
Bring me southern kisses; fill your room. Oh, sweet baby.

C   **G/B** |**D** |

Repeat and fade

‖:**G**   **D/F♯** |**Em7** **G7/D** |**C**   **G/B** |**D**   :‖

Somebody Like You

Words and Music by
John Shanks and Keith Urban

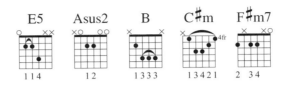

Intro

E5 | | | |

E5 | | |

Verse 1

‖**E5** |
There's a new wind blowing like I've never known.

|**E5** |
I'm breathing deeper than I've ever done.

|**Asus2** | |**E5** |
And it sure feels good to finally feel the way I do.

|**B** |**Asus2** |**E5** |
And I want to love somebody, love   somebody like you.

Verse 2

‖**E5** |
And I'm letting go of all my lonely yesterdays.

|**E5** |
I've forgiv - en myself for the mis - takes I've made.

|**Asus2** | |**E5** |
Now there's just one thing, the only thing I want to do.

|**B** |**Asus2** |**E5** |
I want to love somebody, love   somebody like you.

Bridge

                  ‖**Asus2** |
Yeah, I want to feel the sunshine

Asus2 |**E5** |
Shining down on me and you.

                      |**Asus2**
When you put your arms a - round me,

    |**Asus2** |**C♯m** |**F♯m7** |
You let me know there's nothing in this world I can't do.

Verse 3

            ‖**E5** |
I used to run in circles, going nowhere fast.

        |**E5** |
I'd take one step forward and two steps back.

         |**Asus2** | |**E5** |
I couldn't walk a straight line e - ven if I wanted to.

         |**B** |**Asus2** |**E5** |
I want to love somebody, love   somebody like you.

Bridge 2

                  ‖**Asus2** |
Yeah, I want to feel the sunshine

Asus2 |**E5** |
Shining down on me and you.

                      |**Asus2**
When you put your arms a - round me,

    |**Asus2** |**C♯m** |**F♯m7** |
Well, baby, there ain't nothing in this world I can't do.

Verse 4

‖**E5** |
Some - times it's hard for me to understand,

|**E5** |
But you're teaching me to be a better man.

|**Asus2** | |**E5** |
I don't want to take this life for grant - ed like I used to do.

|**B** |**Asus2** |**E5** |
I want to love somebody, love   somebody like you.

|**B** |**Asus2** |**E5** |
I'm ready to love somebody, love   somebody like you.

|**B** |**Asus2** | ‖
I want to love somebody, love   somebody like you.

Outro   **E** | | | | ‖

Stupid Boy

Words and Music by
Sarah Buxton, Dave Berg
and Deanna Bryant

(Capo 1st fret)

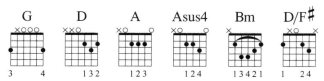

Intro

G   D |A |G   D |A   ‖

Verse 1

G   D |A
Well, she was precious like a flow - er.
            |G D |A
She grew wild,   wild but innocent.
G   D |A
A perfect prayer in a desperate ho - ur.
         |G   D |A
She was everything beautiful and different.

Pre-Chorus

        ‖G D |A
Stupid boy,   you can't fence that in.
       |G D |Asus4
Stupid boy,   it's like hold - ing back the wind.

Chorus

‖G   D |A
She laid   her heart and soul   right in your hands,
          |G   D |A
And you stole   her every dream   and you crushed her   plans.
          |G   D |Bm
She never even knew she had   a choice, and that's what happens
          A |G   D |A
When   the only voice   she hears is telling her she   can't.

Interlude

                    ‖G   D |A
Stupid boy,
                    |G   D |A
Stupid boy.

Verse 2

          ‖G   D |A
So,   what made you think you could take a life
          |G   D |A |
And just push it, push it around?
G   D |A
   I guess to build yourself up so high,
                    |G   D |A
You had to take   her and break her down,   oh. Well...

Repeat Chorus

Bridge

                    ‖G   Bm |A
You stupid boy,   oh, you always had to be right.
                    |G   D/F♯ |A |
But now you lost the only thing   that ever made you feel alive,
G   Bm |A |G   Bm |A
                    Oh.

Repeat Chorus

‖**G**   **D**
You stupid boy.

|**A** |**G**   **D** |**A**   ‖
Oh, I'm the same old, same old stupid boy.

G   **D** |**A**
Outro   It took a-while for her to figure out   she could run.

|**G**   **D** |**Asus4** | ‖
But when she did,   she was   long gone, long gone.

Sweet Thing

Words and Music by
Monty Powell and Keith Urban

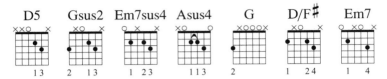

Intro   D5 | | |

Gsus2 | |Em7sus4 |Gsus2

Verse 1

‖D5

When I picked you up for our first date, baby,

|D5

Well, your pretty blue eyes, they were driving me crazy.

|Gsus2 |Em7sus4 |

And the tiny little thought that was so amazing's they were lookin at me.

D5

   I held open the car door for you,

|D5 |Gsus2

Then you climbed inside and slid on over to the other side.

|Em7sus4   ‖

I thought, "My, oh, my!"

Chorus 1

D5

Sweet thing,

  |D5   **|Gsus2**

The moon is high and the night is young. Come on and meet me

      |Gsus2   **|Em7sus4**

In the backyard under the cottonwood tree. It's a good thing.

      |Gsus2

Am I wishing?

                 |D5

Oh, come on, sweet thing.

                 |D5   **|Gsus2**

Oh, won't you climb on out of your window while the world's sleeping.

      |Gsus2   **|Em7sus4**

You know I need you and there's no way I'll be leaving

                    |Gsus2

Till we're kissing on the porch swing.

Interlude

                    ‖D5   **|**   **|Gsus2**   **|Em7sus4**

Oh, my little sweet thing.

Verse 2

      ‖D5

Yeah, I know I'm gonna see you first thing tomorrow,

      |D5   **|Gsus2**

But I just couldn't wait, so I had to borrow Uncle Jake's Mustang.

                          |Em7sus4

It's his favorite car, and so I can't stay long.

      |D5   **|**

Stand - ing here feeling like a love struck Romeo.

D5   **|Gsus2**

  All I wanna do is hold you close and steal a little more time.

      |Em7sus4   **‖**

Is that such a crime?

Repeat Chorus 1

Bridge

              ‖**Gsus2** | |**Asus4** |

Oh, my   sweet thing.

            |**Gsus2** | |**Asus4** |**Gsus2**

Oh, my   sweet thing.

Chorus 2

           ‖**D5**

Oh, my sweet thing,

    |**D5** |**Gsus2**

The moon is high and the night is young. Come on and meet me

      |**Gsus2** |**Em7sus4**

In the backyard under the cottonwood tree. It's a good thing.

          |**Gsus2**

Tell me I'm not dreaming.

    |**D5**

Oh, sweet thing.

        |**D5** |**Gsus2**

Oh, won't you climb on out of your window while the world's sleeping.

   |**G**   **D/F♯**   **Em7**   **D5** |**Em7sus4**

'Cause you know I need you and there's no   way I'll be leaving

               |**Gsus2**

Till we're kissing on the porch swing.

Outro

‖**D5** | |

Oh, my little sweet thing. (Do do do do do, do do do do do.

Gsus2 |

Do do do do do, do do do do do.)

|**D5** | |

Oh, come on, sweet thing. (Do do do do do, do do do do do.

Gsus2 | |

Do do do do do, do do do do do.

D5 | |

Do do do do do, do do do do do.

Gsus2 | |

Do do do do do, do do do do do.

D5 | |

Do do do do do, do do do do do.

Gsus2 | |**D5** | ‖

Do do do do do, do do do do do.)

'Til Summer Comes Around

Words and Music by
Monty Powell and Keith Urban

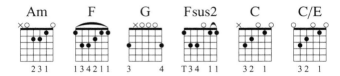

Intro

Am	F	G		
Am	F	G		
Am	F	G		‖

Verse 1

Am |F |G | |
Another long summer's come and   gone.

Am |F |G | |
I don't know why   it always ends   this way.

Am |F |G |
The boardwalk's quiet and the carnival rides

                              |Fsus2 | |G
Are as empty as my broken heart   tonight.

Chorus 1

‖**Fsus2** |**C**
But I close my eyes and one more time

               |**G** |
We're spinning around and you're holding on tightly.

  |**Fsus2** |**C**
The words came out; I kissed your mouth.

     |**G**
No Fourth of July has ever burned so brightly.

  |**Fsus2** |**C**
You had to go; I un - derstand.

       |**G** |
But you prom - ised you'd be back again,

        |**Fsus2** | |**G**
And so I wander 'round this town

  |**G** |**Am** |**F** |**G** | |
'Til summer comes around.

Am |**F** |**G** | ‖

Verse 2

Am |**F** |**G** | |
  I got a job working at the old park pier.

Am |**F** |**G** |
  And every sum - mer now for five long years

|**Am** |**F** |**G** |
I grease the gears, fix the lights, tighten bolts, straighten the tracks.

        |**Fsus2** | |**G** |
And I count the days 'til you just might   come back.

Chorus 2

‖ **Fsus2** |**C**

And then I close my eyes and one more time

                  |**G** |

We're spinning around   and you're holding on tightly.

  |**Fsus2** |**C**

The words came out; I kissed your mouth.

        |**G** |

No Fourth   of July has ever burned so brightly.

  |**Fsus2** |**C**

You had to go; I un - derstand.

         |**G** |

But you swore   that you'd be back again,

           |**Fsus2** | |**G**

And so I'm frozen in this town

 |**G** |**Am** |**F** |**G** | ‖

'Til summer comes a - round.   Yeah, yeah.

Bridge   **Am** |**F** |**G** |

                                |**Am** |**F** |**G** | |

And it comes   around.

Am |**F** |**G**

Chorus 3

|G   ‖Fsus2 |C

Oh,   and I close my eyes and you and I

                   |G |

Are stuck on a Fer - ris wheel, rocking with the motion.

       |Fsus2 |C

And hand in hand, we cried and laughed,

                |G | C/E   G

Knowing that love   belonged to us, girl, if only for a mo - ment.

       |Fsus2 |C |G

And "Baby, I'll be back again,"   you whis - pered in my ear.

            |G |Fsus2 | |G |

But now the winter wind is the only sound,

        |Fsus2 | |G

And everything is closing down

   |G |Am |F |G

'Til summer comes around,

   |G |Am |F |G | ‖

'Til summer comes around.   Yeah, yeah.

Repeat and fade

Outro   ‖: Am |F |G | :‖

Tonight I Wanna Cry

Words and Music by
Monty Powell and Keith Urban

G   G/B   C   Bm7   Em   Am7   Cmaj7   D   B/D#

Intro

G |G/B |C | |

G |G/B |C | ||

Verse 1

G |Bm7 |C |
Alone in this house   again tonight.
C |G |Bm7 |C |
I got the TV on, the sound turned down,   and a bottle of wine.
     |Em |Bm7
There's pictures of you   and I on the walls   around me.
 |Em |Bm7
The way that it was and could have been   surrounds me.
 |Am7 |Cmaj7 |D ||
I'll never get over you   walking a - way.

Chorus 1

Em |C |G |D |
I've never been   the kind to ev - er let my feel - ings show.
Em |C |G |D
And I thought that be - ing strong meant nev - er losing your self - control,
     |Cmaj7 |Bm7
But I'm just drunk enough   to let go of my pain.
     |Cmaj7 |Bm7 |
To hell with my pride;   let it fall like rain   from my eyes.

Interlude 1

Am7 |Cmaj7 ||G |G/B |C | ||
         To - night I wanna cry.

Verse 2

G |Bm7 |C |
  Would it help if I turned   a sad song on?
              |G |Bm7 |C |
"All by Myself"   would sure hit me hard   now that you're gone.
         |Em |Bm7
Or maybe unfold   some old, yellow lost   love letters.
       |Em |Bm7
It's gonna hurt bad before it   gets better.
      |Am7 | |Cmaj7 |D ||
But I'll never get over you by hiding this way.

Repeat Chorus 1

Interlude 2

Am7 |Cmaj7 ||Am7 |Bm7 |C |Bm7 |
        To - night I wanna cry.
Am7 |G/B |C |D B/D♯ ||

Repeat Chorus 1

Outro

Am7 Cmaj7 | G/B |Cmaj7

   |Cmaj7 |N.C. ||G |G/B |C | |
To - night I wanna cry.
G |G/B |C | |G ||

Where the Blacktop Ends

Words and Music by
Allen Shamblin and Steve Wariner

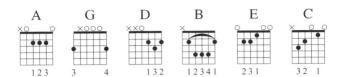

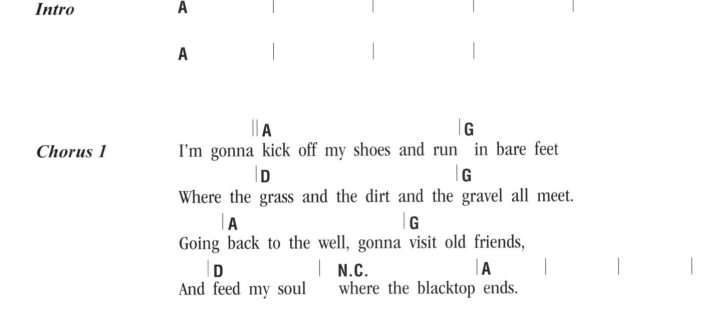

Intro

A | | | |

A | | |

Chorus 1

‖A |G
I'm gonna kick off my shoes and run   in bare feet
|D |G
Where the grass and the dirt and the gravel all meet.
|A |G
Going back to the well, gonna visit old friends,
|D | **N.C.** |A | | |
And feed my soul   where the blacktop ends.

Verse 1

‖D |G   D
I'm looking down the barrel of Friday night
|A |E   A |
And riding on a river of free - way lights.
D |G   D
Goodbye city; I'm country bound
|B |E |
'Til Monday rolls around.

Repeat Chorus 1

```
           A              |            |            |            ||
```

Verse 2

```
           D                        |G       D
           Working in the grind is an uphill road;
            |A                       |E          A
           I'm punching that clock and carrying that load.
            |D                  |G         D
           I bust it all week and then I'm free;
             |B                     |E          |
           The weekend belongs to me.
```

Chorus 2

```
                ||A                        |G
           I'm gonna kick off my shoes and run   in bare feet
                    |D                      |G
           Where the grass and the dirt and the gravel all meet.
               |A                    |G
           Going back to the well, gonna visit old friends,
              |D            |                |A          |
           And feed my soul     where the blacktop ends.
```

Bridge

```
             ||C                     |G
           So give me some fresh air, give me that farm,
              |D                      |A              |
           And give me some time with you   in my arms
           C                  |G
             Far away from the hustle and the pressure
                    |E        |         |N.C.       |
           And the    noise.
```

Chorus 3

‖ **A**   ‖ **G**
Mm, I'm gonna kick off my shoes and run   in bare feet
| **D** | **G**
Where the grass, the dirt, the gravel all meet.
| **A** | **G**
I'm going back to the well, gonna visit old friends,
| **D** |
And feed my soul.

Repeat Chorus 1

Repeat and fade

‖: **A** | | | :‖
Outro   Where the blacktop ends.   Where the blacktop

Who Wouldn't Wanna Be Me

Words and Music by
Monty Powell and Keith Urban

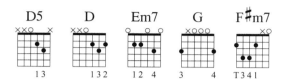

Intro D5 | | | | | |

Verse 1

‖**D5** | |
I got no money in my pockets.

D5 |
I got a hole in my jeans.

|**D5** |
I had a job and I lost it,

                        |**D5** |
But it won't get to me.

Verse 2

                ‖**D5** |
'Cause I'm riding with my baby

        |**D5** |
And it's a brand-new day.

        |**D5** |
We're on the wheels of an angel,

        |**D5** |
Flying a - way.

Chorus

‖D | |Em7 |
And the sun is shin - ing and this road keeps wind - ing

       |G | |D |
Through the pret - tiest country from Geor - gia to Tennessee.

       |D | |Em7 |
And I got the one I love beside me, my trou - bles behind me.

    |G | ‖
I'm alive and I'm free. Who wouldn't wanna be me?

Interlude   D5 | | |

Verse 3

    ‖D5 |
Now, she's strumming on my six-string;

  |D5 |
It's a - cross her pretty knees.

  |D5 |
She's stomping out a rhythm

    |D5 |
And singing to me the sweet - est song.

Repeat Chorus

Interlude 2   D | |Em7 | |

               G | |D |

Repeat Chorus

               D5 | | |

Outro

‖**D** |**Em7** |**F♯m7** |**Em7**

I got no money in my pockets.

 |**D** |**Em7** |**F♯m7** |**Em7**

And I got a hole in my jeans.

  |**D** |**Em7** |**F♯m7**

We're on the wheels of an an - gel

   |**Em7**

And I'm free.

  |**D** |**Em7**

She's strumming on my six-string;

 |**F♯m7** |**Em7**

It's a - cross her pretty knees.

 |**D** |**Em7**

She's stomping out a rhythm

  |**F♯m7** |**Em7** |**D**   ‖

And she's singing to me.

You Gonna Fly

Words and Music by
Jaren Johnston, Preston Brust
and Chris Lucas

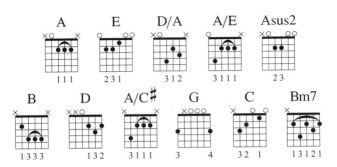

Intro

| A | E | | A | E | | D/A | A | E | | D/A | A | E | | |

D/A A E |D/A A |E

Verse 1

E
One, two, three, baby, don't think twice;
  |A/E
Just   like that, you got a brand-new life.
  |E |A/E
Hop in this truck and run through the red lights.
              |E
Yeah, where   you wanna go, baby? Name the town.
      |A/E
We could go up north, we head down south.
  |E |A/E
Roll down the windows with the radio loud.

Pre-Chorus

            ‖D/A A   E |D/A A
C'mon, turn it up!   Yeah! Start living your life   on the double!
E |D/A A   E |Asus2
Leave your troubles be - hind. You and me, we gonna be alright.

Chorus 1

‖ **E**

You could be a blackbird on the country street,

 | **B**

Hid - ing from the world with a broken wing.

 | **A** | **E**   **N.C.**

But you better believe: you gonna fly with me.

 | **E**

And you could be a songbird from a New Orleans,

 | **B**

Scared   of the rain, just scared to sing.

 | **A** |

But you better believe: you gonna fly with me.

Verse 2

E   **D**   **A**   ‖ **E**

         Well, here   we are, baby, in the back of my bed.

 | **A/E**

Sun's   going down, skies turning red.

 | **E** | **A/E**

Stars   coming out; baby, look at you   now.

 | **E**

God knows   how long, but its been awhile

 | **A/E** |

Since I heard you laugh and I seen that smile,

E |

Felt that kiss, and I can get used to this.

A/C♯ | **A**

    Baby, I could get used to this!   'Cause

Repeat Chorus 1

Bridge

```
D/A  A  E              |D/A  A   E      |
          You  gonna  fly.
D/A  A  E              |D/A  A  |G          |A           |
          You  gonna  fly.
E          |G          |A        |C        |     Bm7
```

Chorus 2

```
                          ‖E
You  could  be  a  black  bird  on  the  country  street,
      |B
Hid - ing  from  the  world  with  a  broken  wing.
          |A                          |E
But  you  better  believe:  you  gonna  fly  with  me.
                          |E
And  you  could  be  a  songbird  from  a  New  Orleans,
          |B
Scared   of  the  rain,  just  scared  to  sing.
          |A                                |
But  you  better  believe,  yeah,  you  better  believe   it,  baby...
```

Repeat Chorus 1

Outro

```
D/A   A   E                |D/A  A                    E           |
          You  gonna  fly,      you  gonna  fly  with  me,  baby.
D/A     A        E                |
     You  better  believe   it,  my  honey girl.
D/A   A        E          |D/A  A  E      |D  A  E      ‖
     Ooh,  yeah.    You  gonna  fly.
```

You Look Good in My Shirt

Words and Music by
Tony Martin, Tom Shapiro
and Mark Nesler

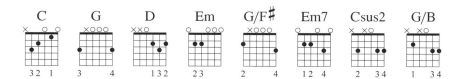

Intro

C |G |D |Em |

C |G |D C |G

Verse 1

     ‖C |G
When you walked up behind me and covered my eyes
 |D |Em
And whispered in my ear, "Guess who,"
  |C |G
I rat - tled off names like I really didn't know,
  |D   C |G
But all along I knew it was you.

Verse 2

     ‖C |G
And the longer we talked, the more we laughed
  |D |Em
And wondered why we didn't last.
   |C |G
It had been a long time, but lat - er last night,
  |D   C |G   ‖
Ba - by, we caught up real fast!

Chorus 1

| C | | D | | |G | | G/F♯ |
And maybe   it's a little too early

| |Em7 | | | | |Csus2 | G/B | |
To know if this is gonna work.

| Csus2 | | | |G/B | | |Em | | D | | |G |
    All I know is you're sure looking   good in my shirt.

Interlude 1

| ‖C | | |G | | | |D | | | |
That's right.

| Em | | | |C | | |G | | | |D | C | |G |
    You look good in my shirt.

Verse 3

| ‖C | | | |G |
Well now, I'm not saying that we solved overnight

| |D | | | |Em |
Ev - 'ry way that we went wrong.

| |C | | |G |
Oh, but what I'm seeing I'd sure love seeing

| |D | | C | |G | | ‖
Ev - 'ry morning from now on.

Repeat Chorus 1

Interlude 2

| ‖Em | | | | |G | | |
Come on now.   Aw, that's right.

| G | | |Em | |C | |D | | | | ‖
Oh, you look so fine.

Chorus 2

        C |G

And maybe it's a little too early

    |Em7 |Csus2   G/B |

To know if this is gonna work.

Csus2 |G/B |Em   D |G ||

All I know is you're sure looking   good in my shirt.

Repeat Chorus 1

Em   D |C |N.C. ||

You look good in my shirt.   *One, two, three, four!*

Outro ||:C |G |D |Em |

                                     Repeat and fade

        C |G |D   C |G   :||

You'll Think of Me

Words and Music by
Ty Lacy, Dennis Matkosky
and Darrell Brown

(Capo 2nd fret)

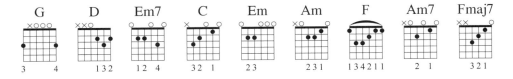

Intro

G |**D** |**Em7** |**C** ||

Verse 1

    Em |**C**
    I woke up early this morning, 'round four A.M.,

      |**G** |**D** |
With the moon shining bright as headlights on the interstate.

Em |**C**
    I pulled the covers over my head and tried to catch some sleep,

 |**G** |**D** |
But thoughts of us kept keeping me awake.

Am |**Em**
    Ever since you found yourself in someone else's arms,

    |**F**
I've been trying my best to get along.

    |**F** ||
But that's   okay; there's nothing left to say, but

Chorus 1

```
        G                                    |D
        Take your records, take your free - dom,
                                        |Em
Take your memories, I don't need      'em.
                                        |C                          |
Take your space and take your rea - sons, but you'll think of me.
        G                            |D
        And take your cat and leave my sweater,
                                    |Em
'Cause we have nothing left to weath -  er.
                                    |C
In fact, I'll feel a whole lot better. But you'll think of me.
```

Interlude

```
        ‖G                 |D              ‖
You'll     think of me.
```

Verse 2

```
Em                                      |C
        I went out driving, trying to clear    my head.
        |G                                  |D              |
I tried to sweep out all the ruins that my e - motions left.
Em                                  |C
        I guess I'm feeling just a little   tired of this,
        |G                          |D              |
And all the baggage that seems to still exist.
Am                                  |Em
        It seems the only blessing I have left to my name
        |F
Is not knowing what we could have been,
        |F                      ‖
What we should have been. So,
```

Repeat Chorus 1

Bridge

F |Am7 |Em7
    Someday   I'm gonna run across your mind.

                      |D |Fmaj7
But don't worry, I'll be fine. I'm gonna be alright.

                            |Am7
While you're sleeping with your pride,

                    |Em7
Wishing I could hold you   tight,

                |Fmaj7 | ||
I'll be over you and on with my life.

Chorus 2

G |D |
    So take your records, take your free - dom,

Em |C |
    Take your memories, I don't need 'em.

G |D
    And take your cat and leave my sweater,

                            |Em
'Cause we have nothing left to weath - er.

             C |G   D ||
In fact, I'll feel a whole lot better. But you'll think of me.

Repeat Chorus 1

Outro

            ||G |D |
You'll   think of me,   yeah.

Em |C |G ||
    And you're gonna think of me.

You're My Better Half

Words and Music by
John Shanks and Keith Urban

(Capo 2nd fret)

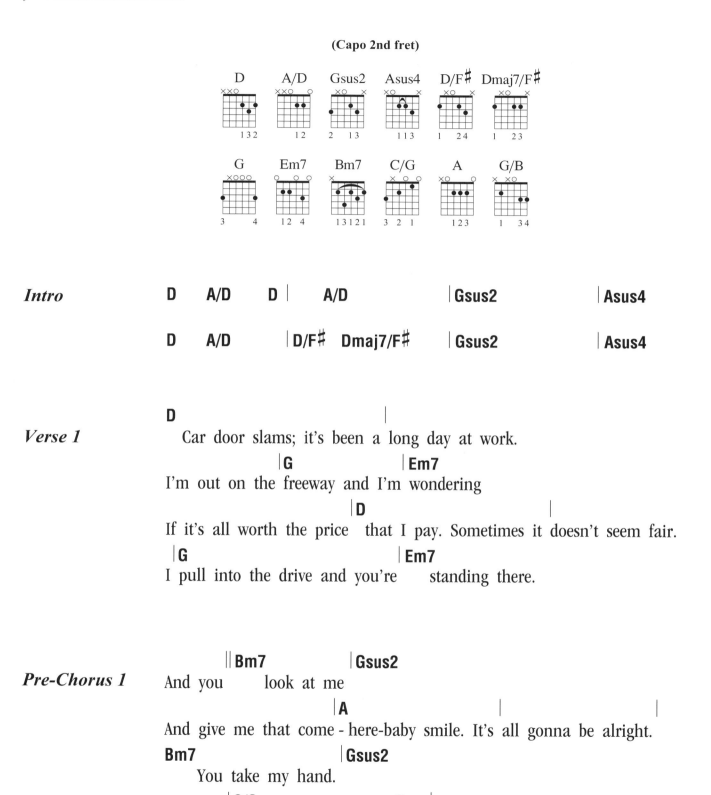

Intro   D A/D   D | A/D |Gsus2 |Asus4 |

                 D A/D |D/F# Dmaj7/F# |Gsus2 |Asus4 ||

Verse 1

D
     Car door slams; it's been a long day at work.
          |G |Em7
I'm out on the freeway and I'm wondering
                |D
If it's all worth the price that I pay. Sometimes it doesn't seem fair.
|G |Em7
I pull into the drive and you're   standing there.

Pre-Chorus 1

         ||Bm7 |Gsus2
And you   look at me
              |A
And give me that come - here-baby smile. It's all gonna be alright.
Bm7 |Gsus2
     You take my hand.
       |C/G   G |
You pull   me close and you hold me tight.

Chorus 1

```
            ‖D      A/D        |D/F♯   Dmaj7/F♯
And it's the sweet
       |Gsus2                          |Asus4
Love        that you give to me
                       |D      A/D      |D/F♯
That makes me be - lieve
Dmaj7/F♯      |Gsus2                      |Asus4
We can make        it through anything.
                   |N.C. G   D      A      |
'Cause when it        all comes down
                       |N.C. G      D  A   |
And I'm feeling like I'll       nev - er last,
               |N.C. G     D      A  |                        ‖
I just lean on        you. 'Cause, ba - by, you're my better half.
```

Interlude 1

```
          D     A/D        |D/F♯   Dmaj7/F♯      |Gsus2                |Asus4
```

Verse 2

```
              ‖N.C.        D                                  |
They say be - hind every man is a good woman, but I think that's a lie
       |G                             |Em7                     |
'Cause when it comes to you, I'd rather have you by my side.
D                                |
You don't know how much I count on you to help me
             |G                      |Em7
When I've given ev - 'rything I got and I just feel like giving in.
```

Repeat Pre-Chorus 1

Repeat Chorus 1

Interlude 2   **D** | | **Gsus2** | **Em7** |

                    D | | **Gsus2** | **A**

Pre-Chorus 2

‖**Bm7** | **Gsus2**
Well, you   take my hand,

                |**C/G**   **G** |
Yeah, you'll pull   me close and I un - derstand.

Chorus 2

               ‖**D**   **A/D** |**D**   **A/D**
It's the sweet

        |**Gsus2** |**Asus4**
Love   that you give to me

                   |**D**   **A/D**   **D/F♯**|
That makes me be - lieve

             G/B | **Asus4** |
That we can make it through anything.

Repeat Chorus 1

Outro   **D**   **A/D** |**D/F♯** **Dmaj7/F♯** |**Gsus2**

                |**Asus4** |**D**   **A/D** |**D/F♯** **Dmaj7/F♯** |
Hey, ba -   by, you're my better half.
Gsus2   **Em7** | ‖

Your Everything
(I Want to Be Your Everything)

Words and Music by
Bob Regan and Chris Lindsey

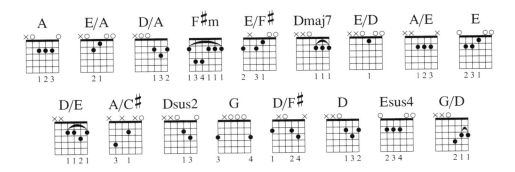

Verse 1

|A   E/A |D/A
The first time I looked in your eyes

  E/A |F#m   E/F# |F#m   E/F#
I knew   that I would do anything   for you.

  |Dmaj7   E/D |Dmaj7
The first time you touched my   face

  E/D |A/E   E |D/E   E
I felt   what I'd never felt   with anyone else.

Verse 2

||A   E/A |D/A   E/A
I want to give back what you've giv - en to me,

  |F#m   E/F# |F#m   E/F# |
And I want to witness   all of your dreams.

Dmaj7   E/D |Dmaj7 E/D
Now that you've shown me who I really am,

|A/E   E |D/E   E   D/E
I wanna be more   than just your man.

Chorus

```
        || A                                   |
I wanna    be the wind that fills your sail

A/C#                                      |
   And be the hand that lifts your veil

Dsus2
   And be the moon that moves your tides,

    | E                                   |
The sun coming up in your eyes.

A                                 |
   Be the wheel that never rusts

A/C#                                |
   And be the spark that lights you up,

Dsus2                          | G              | D/F#      D
   All that you've been dreaming of and more,    so much more.

               | A           E/A     | D/A E/A  | F#m E/F#  | Esus4    ||
I wanna be your ev'rything.
```

Verse 3

```
A              E/A        | D/A        E/A
When you wake up I'll be the first    thing you see,

   | F#m        E/F#              | F#m       E/F#
And when it gets dark you can reach    out to me.

    | Dmaj7      E/D         | Dmaj7      E/D
I'll cherish your words and I'll finish your thoughts

   | A/E        E                   |
And I'll be your compass, baby,

D/E           E           D/E
When you get lost.
```

Repeat Chorus

```
     D                | A        A/C# | Dsus2          | A  A/C# | G/D  D  ||
... I wanna be your ev'rything.
```

Outro-Chorus

A |
I'll be the wheel that never rusts

A/C# |
And be the spark that lights you up,

Dsus2 |**G** |**D/F#**   **D**
All that you've been dreaming of and more,   so much more.

                |**A**   **A/C#** |**D**
I wanna be your ev'rything.

                |**A**   **A/C#** |**G/D**   **D**
I wanna be your ev'rything.

                |**A**   **A/C#** |**D** |**A A/C#** |**G/D D** |**A** ||
I wanna be your ev'rything.

STRUM & SING

WITH

cherry lane
music company

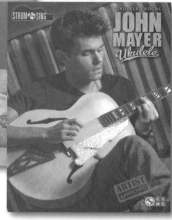

GUITAR

SARA BAREILLES
00102354......$12.99

ZAC BROWN BAND
02501620......$12.99

COLBIE CAILLAT
02501725......$14.99

CAMPFIRE FOLK SONGS
02500686......$10.99

CHRISTMAS CAROLS
02500631......$6.95

COUNTRY
02500755......$9.95

JOHN DENVER COLLECTION
02500632......$9.95

50 CHILDREN'S SONGS
02500825......$7.95

THE 5 CHORD SONGBOOK
02501718......$9.99

FOLK SONGS
02501482......$9.99

FOLK/ROCK FAVORITES
02501669......$9.99

40 POP/ROCK HITS
02500633......$9.95

THE 4 CHORD SONGBOOK
02501533......$10.99

HITS OF THE '60S
02501138......$10.95

HITS OF THE '70S
02500871......$9.99

HYMNS
02501125......$8.99

JACK JOHNSON
02500858......$14.99

DAVE MATTHEWS BAND
02501078......$10.95

JOHN MAYER
02501636......$10.99

INGRID MICHAELSON
02501634......$10.99

THE MOST REQUESTED SONGS
02501748......$10.99

JASON MRAZ
02501452......$14.99

ROCK BALLADS
02500872......$9.95

THE 6 CHORD SONGBOOK
02502277......$10.99

UKULELE

COLBIE CAILLAT
02501731......$10.99

JOHN DENVER
02501694......$10.99

JACK JOHNSON
02501752......$10.99

JOHN MAYER
02501706......$10.99

INGRID MICHAELSON
02501741......$10.99

THE MOST REQUESTED SONGS
02501453......$10.99

JASON MRAZ
02501753......$14.99

SING-ALONG SONGS
02501710......$10.99

See your local music dealer or contact:

cherry lane
music company

EXCLUSIVELY DISTRIBUTED BY
HAL•LEONARD®
CORPORATION

7777 W. BLUEMOUND RD. P.O. BOX 13819 MILWAUKEE, WI 53213

Prices, content, and availability subject to change
without notice.

STRUM IT GUITAR

AUTHENTIC CHORDS · ORIGINAL KEYS · COMPLETE SONGS

The *Strum It* series lets players strum the chords and sing along with their favorite hits. Each song has been selected because it can be played with regular open chords, barre chords, or other moveable chord types. Guitarists can simply play the rhythm, or play and sing along through the entire song. All songs are shown in their original keys complete with chords, strum patterns, melody and lyrics. Wherever possible, the chord voicings from the recorded versions are notated.

THE BEACH BOYS' GREATEST HITS
_____ 00699357.....................................$12.95

THE BEATLES FAVORITES
_____ 00699249.....................................$14.95

BEST OF CONTEMPORARY CHRISTIAN
_____ 00699531.....................................$12.95

BEST OF STEVEN CURTIS CHAPMAN
_____ 00699530.....................................$12.95

VERY BEST OF JOHNNY CASH
_____ 00699514.....................................$14.99

CELTIC GUITAR SONGBOOK
_____ 00699265.......................................$9.95

CHRISTMAS SONGS FOR GUITAR
_____ 00699247.....................................$10.95

CHRISTMAS SONGS WITH 3 CHORDS
_____ 00699487.......................................$8.95

VERY BEST OF ERIC CLAPTON
_____ 00699560.....................................$12.95

COUNTRY STRUMMIN'
_____ 00699119.......................................$8.95

JIM CROCE – CLASSIC HITS
_____ 00699269.....................................$10.95

VERY BEST OF JOHN DENVER
_____ 00699488.....................................$12.95

NEIL DIAMOND
_____ 00699593.....................................$12.95

DISNEY FAVORITES
_____ 00699171.....................................$10.95

BEST OF THE DOORS
_____ 00699177.....................................$12.99

MELISSA ETHERIDGE GREATEST HITS
_____ 00699518.....................................$12.99

FAVORITE SONGS WITH 3 CHORDS
_____ 00699112.......................................$8.95

FAVORITE SONGS WITH 4 CHORDS
_____ 00699270.......................................$8.95

FIRESIDE SING-ALONG
_____ 00699273.......................................$8.95

FOLK FAVORITES
_____ 00699517.......................................$8.95

IRVING BERLIN'S GOD BLESS AMERICA®
_____ 00699508.......................................$9.95

GREAT '50s ROCK
_____ 00699187.......................................$9.95

GREAT '60s ROCK
_____ 00699188.......................................$9.95

GREAT '70s ROCK
_____ 00699262.......................................$9.95

THE GUITAR STRUMMERS' ROCK SONGBOOK
_____ 00701678.....................................$14.99

BEST OF WOODY GUTHRIE
_____ 00699496.....................................$12.95

JOHN HIATT COLLECTION
_____ 00699398.....................................$12.95

THE VERY BEST OF BOB MARLEY
_____ 00699524.....................................$12.95

A MERRY CHRISTMAS SONGBOOK
_____ 00699211.......................................$9.95

MORE FAVORITE SONGS WITH 3 CHORDS
_____ 00699532.......................................$8.95

THE VERY BEST OF TOM PETTY
_____ 00699336.....................................$12.95

POP-ROCK GUITAR FAVORITES
_____ 00699088.......................................$8.95

ELVIS! GREATEST HITS
_____ 00699276.....................................$10.95

BEST OF GEORGE STRAIT
_____ 00699235.....................................$14.99

TAYLOR SWIFT FOR ACOUSTIC GUITAR
_____ 00109717.....................................$16.99

BEST OF HANK WILLIAMS JR.
_____ 00699224.....................................$12.95

HAL•LEONARD®
7777 W. BLUEMOUND RD. P.O. BOX 13819 MILWAUKEE, WI 53213

Visit Hal Leonard online at **www.halleonard.com**

0113